LISTE DES CARTES, LIVRES ET AUTRES OEUVRES DE GEOGRAPHIE

Que P. DU-VAL GEOGRAPHE Ordinaire du Roy a faits & que l'on distribuë chez luy, avec Privilege de Sa Majesté.

A PARIS,
En l'Isle du Palais, sur le Quay de l'Orloge, au Grand Loüis.

UN Globe Terrestre.

UN Jeu de Cartes de Geographie, dedié à Monseigneur le Dauphin.

UN Jeu de Cartes des Princes de l'Empire.

UN RECÜEIL de cent nouvelles Cartes de Geographie, chacune d'une grande feüille,

où sont.

Le Planisphere, ou la Carte generale du Monde.

L'Introduction à la Geographie.

La Carte universelle du Commerce, c'est à dire, Carte Hidrographique, où sont exactement decrites les costes des quatre parties du Monde, avec les Routes pour la navigation des Indes Occidentales & Orientales.

L'Alphabet & Definition des Termes dont on se sert en Geographie.

Tables de Geographie reduites en un Jeu de Cartes.

La Table generale de Geographie, où sont les parties de la Terre & de l'Eau, dedans ou prés l'Amerique, l'Afrique, l'Asie, l'Europe.

L'Amerique, autrement le Nouveau Monde, & Indes Occidentales.

L'Afrique.
L'Asie.
L'Europe.
Amerique Septentrionale.
Amerique Meridionale.
Terres Australes.
Le Grand Continent.
Le Nouveau Mexique, & la Terre de Jesso.
La Mer de Nort, où sont Nouvelle France, la Floride, la Nouvelle Espagne, les Isles & la Terre ferme d'Amerique.
Le Perou, le Chili, la Magellanique, la Plata & le Bresil.
La Mer de Sud, dite autrement Mer Pacifique.
Le Canada, où sont la Nouvelle France, la Nouvelle Angleterre, la Nouvelle Holande, la Nouvelle Suéde, la Virginie, &c.
Les Isles d'Amerique dites Caribes & Antilles, & de Barlovento.
La Güayane, autrement France Eqninoctiale, avecque l'Isle Cayene.
L'Ocean d'Ethiopie.
La Barbarie, le Biledulgerid, le

Zaara, la Nigritie &c. avec les Isles au couchant d'Afrique.

L'Egipte, la Nubie, l'Abissinie.

L'Ethiopie, où sont le Congo, la Cafrerie, le Mono-motopa, & le Zainguebar.

Les Costes des Roïaumes de Fez, Alger, Tunis & Tripoli en Barbarie, suivant les Routes & Portolans de divers Pilotes.

Le Roiaume d'Alger.

Costes de Guinée.

L'Isle de Madagascar, dite autrement Madecase & de S. Laurens, & aujourd'hui l'Isle Dauphine, avecque les Costes du Sofala & de Mozambique en Afrique.

Les Isles de Malthe, Goze, Comin, Cominot.

La grande Tartarie vers l'Occident, où sont la Tartarie deserte & le Giagathai.

La Turquie en Asie, l'Arabie, & la Perse.

La grande Tartarie vers l'Orient, où sont le Turquestan, la Tartarie Septentrionale, & la Tartarie du Kin.

La Chine, avec l'Empire du Mogol, les Presqu'Isles, & les Isles de l'Asie.

Les Indes Orientales.

L'Ocean prés d'Europe avecque les Costes de France, d'Espagne, de Portugal, d'Angleterre, de Hollande, de Dannemarq, suivant les Cartes Marines les plus nouvelles.

L'Ocean Septentrional.

La Mer Mediterranée vers l'Occident.

La Mer Mediterranée vers l'Orient.

La France en toute son estenduë, sous le Roi Loüis le Grand.

Le Roiaume d'Aquitaine.

Les Roiaumes de Bourgogne & d'Arles, avecque les Terres adjacentes.

Le Roiaume de la France Orientale, autrement Austrasie.

Le Roiaume de la France Occidentale, dit autrement Neustrie.

Le Diocese de l'Evêché d'Evreux en Normandie.

L'Isle de France, le Valois, le Vexin-François, le Hurepoix, & la Brie.

Le Duché d'Aiguillon, dessigné sur les lieux.

La Carte du nouveau Canal de Languedoc, pour la jonction des deux Mers, Oceane & Mediterranée.

L'Espagne divisée en ses principaux Roiaumes.

Le Roiaume de Portugal.

La Catalogne & le Roussillon.

* Les Roiaumes de Valence & de Murcie, avec les Isles Majorque & Minorque.

* Les Roiaumes de Navarre, & d'Aragon, avec les passages des Monts Pirenées.

* La Castille, le Leon, l'Asturie, & la Galice.

* L'Andalousie, & le Roiaume de Grenade.

Les XVII. Provinces des Païs-Bas.

Provinces Unies des Païs-Bas, connuës sous le nom de Holande.

Provinces Meridionales des Païs-Bas, connuës sous le nom de Flandres, diviſées ſelon les Traittés de Nimegue.

Le Comté de Flandres.

La Flandre Gallicane, conquiſe par le Roy, l'an 1667.

Les Comtez d'Artois & de Hainaut.

Le Cambreſis.

Le Duché de Luxembourg & le Comté de Namur.

Le Duché de Brabant & ſes annexes.

Le Duché de Limbourg, & l'Evéché de Liege.

La Lorraine & l'Alſace.

Le Barrois.

Le Comté de Bourgogne, dit autrement Franche-Comté.

La Suiſſe.

La Savoye.

L'Italie & les Iſles adjacentes.

L'Iſle de Sardaigne

La Lombardie, où ſont les Eſtats aux environs du Po, avec ceux de Genes & de Toſcane.

Le Roiaume de Naples,

La Dalmatie.

Le Piemont & Mont-ferrat, avecque les paſſages de France en Italie par les Alpes.

Le Mont-ferrat aux environs du Po, où est le Cazalasc.

L'Empire d'Alemagne.

Le Jeu des Princes de l'Empire.

La Table des Cercles.

Le Haut Rhin, où sont les Cercles d'Alsace, de Soüabe, & de Franconie, le Bas Palatinat, &c.

Le Bas Rhin, où sont le Cercle de Vestphalie, les Electorats de Cologne & de Treves, la Hesse, les Estats des Ducs de BrunsWick.

Le cours de l'Elbe & de l'Oder, où sont les Electorats de Saxe & de Brandebourg, les Duchez de Mekelbourg & de Pomeranie.

Le cours du Danube, où sont la Baviere, l'Austriche & la Boheme.

Le Roiaume de Danemarq.

Le Roiaume de Suede.

Le Roiaume de Pologne.

La Moscovie.

L'Empire des Turcs, en Europe, en Asie & en Afrique, avec les Routes qu'y tiennent les Caravannes.

Le grand Roiaume de Hongrie, ou

la Turquie ſeptentrionale en Europe, où ſont la Hongrie, la Tranſilvanie, la Valaquie, la Moldavie, &c.

La Grece, ou la Turquie meridionale en Europe.

La Hongrie à l'Auſtriche.

Les Iſles Britanniques, où ſont les Roiaumes d'Angleterre & d'Eſcoſſe, que nous appellons Grande Bretagne, & celui d'Irlande, avecque les Iſles qui en ſont proches, & les coſtes de France, de Flandres, & de Holande.

* Le Roiaume d'Angleterre.

* Le Roiaume d'Ecoſſe.

* L'Iſle & Roiaume d'Irlande.

* Les Iſles Hebudes, & de Fero.

L'Iſle de Sicile.

L'Iſle & la ville de Candie.

Les Cartes ſus-mentionnées ont leurs diviſions conformes aux derniers Traitez de Paix, faits entre les principales Nations d'Europe: & par diverſes marques on y peut connoiſtre les Villes Capitales, les

Ports de Mer, les Champs de Bataille, les Principautez, & toutes les Places qui ont quelque prérogative ou quelque particularité considerable.

CARTES ANCIENNES.

Orbis vetus, *c'est à dire*, le Vieux Monde.

L'Empire Romain, & en Occident & en Orient, dressé pour bien entendre l'Histoire Sainte & l'Histoire Prophane, & particulierement celles d'Appian Alexandrin, & de Flavius Joseph.

La Terre Sainte, où est le Roiaume de Juda, avec la Peregrination des Enfans d'Israël dans le Desert.

La Terre-Sainte, où est le Roiaume d'Israël.

Les Patriarchats.

Les Conciles.

Table Alphabetique des lieux où les Conciles ont esté tenus, avec leurs noms anciens & nouveaux, & le chiffre qui les fait trouver sur la Carte.

CARTES DE QUATRE grandes feüilles.

La Carte universelle du Monde.
L'Amerique.
L'Afrique.
L'Asie.
L'Europe.
La France.
* L'Espagne.
L'Italie.
L'Alemagne.
* Les Isles Britanniques.

LIVRES DE GEOGRAPHIE.

LE Traité de Geographie, qui donne la connoissance & l'usage du Globe & de la Carte, *in douze*; Avec les Figures necessaires pour ce sujet, *& des* Tables de Geographie dressées pour connoiſtre dans les Cartes, les Païs, les Provinces, & les principales Villes du Monde. 17. *Figures.*

LE MONDE OU LA GEOGRAPHIE VNIVERSELLE Contenant les Deſcriptions, les Cartes & le Blaſon des principaux Païs, l'Eſtat preſent des quatre Parties du Monde, c'eſt à dire les Religions, les Coûtumes, & les Richeſſes des Peuples: Les Forces & les Gouvernemens des Eſtats: ce qui eſt de plus beau & de plus rare dans chaque Region: & autres particularitez pour ſçavoir l'Hiſtoire & l'Intereſt des Princes. 126. *Figures.*

SUite du Monde *in douze*, *contenant :*

1. Petites Tables Genealogiques touchant les droits & les intereſts des Princes. 2. Le Monde Chreſtien, où ſont les Cartes des Archeveſchez & des Eveſchez de l'Univers. 32. *Figures.*

L'A, B, C, du Monde, ou l'on voit en ordre Alphabetique toutes les Villes capitales des Roiaumes, des grandes Provinces, & des Estats qui nous sont connus : celles qui sont remarquables par quelque prerogative, ou particularité Historique : tous les Archeveschez & Eveschez, toutes les Souverainetez, les Regions, les Montagnes, les Isles considerables, les Ports de Mer fameux, les grandes Rivieres, & les autres parties de la terre & de l'eau qui meritent d'estre observées en la Nouvelle Geographie, avec le moyen de les trouver sur la Carte, & de sçavoir à qui elles appartiennent.

LA France en quatre parties *in douze*, Sçavoir,

1. LA France depuis son agrandissement par les dernieres Conquestes du Roy, avec les Cartes & le Blason de toutes les Provinces du Roiaume où il est traité de

leurs noms anciens & nouveaux, de leur estenduë, figure, voisinage, division, avec plusieurs autres observations. 70. *Figures.*

2. AQuisitions de la France par la Paix, avecque les Discours, les Cartes & autres figures Geographiques des Lieux mentionnez dans les Articles des Traitez de Munster, des Pirenées, d'Aix la Chapelle, & de Nimmegue. 16. *Figures.*

3. ALphabet de la France & de ses Provinces, Villes, Bourgs, Chasteaux & autres lieux considerables du Roiaume, avec une Table Alphabetique des Abbayes, pour faire voir de quel Diocese elles sont.

4. LEs XVII. Provinces, où sont les Conquestes du Roi, en Holande & en Flandres, *sçavoir*,

des Provinces Unies des Païs-Bas, connuës ſous le nom de Holande.

Cartes & Tables de Geographie des Provinces échûës à la Reine Tres-Chreſtienne, par le deceds de la Reine Elizabeth ſa mere, du Prince Dom Baltazar ſon Frere, & du Roy Catholique Philippe IV. ſon Pere. 46. *Figures*.

L'Italie & l'Alemagne *in douze*, chacune avec ſa Carte particuliere. 2. *Figures*.

LE Blaſon en pluſieurs Tables & Figures, avec des Remarques, & deux Alphabets, l'un des Termes de cét Art les plus difficiles, & l'autre des principales Armes du Monde, *in douze*. 16. *Figures*.

LA Carte generale & les Cartes particulieres des Coſtes de la Mer Mediterranée, *ſçavoir*,

Les Coſtes d'Eſpagne.

Les Coſtes de France.

Les Coſtes d'Italie.
Les Coſtes de Naples.
Le Golfe de Veniſe.
La Mer Joniene.
L'Archipel.
La Mer de Levant.
La Mer d'Alger.
La Mer de Tunis.
Les Coſtes de Tripoli.

Avecque les Diſcours neceſſaires pour ſçavoir à qui elles appartiennent, & pour connoiſtre la force & l'importance des Places ; la commodité des Ports de Mer, les Golphes, les Caps, les Ecüeils, & autres particularitez qui s'y rencontrent. *Petit in folio*, 12 *Figures*.

DIverſes Cartes & T bles pou la Geographie ancienne, pour la Chronologie, & pour les Itineraires & Voyages Modernes. *Petit in folio.*

Cet Ouvrage contient.

31. CARTES GEOGRAPHIQUES dreſſées pour bien entendre les

Historiens, pour connoistre l'estenduë des Anciennes Monarchies ; & pour lire avec fruit les Vies, les Voyages, les Guerres & les Conquestes des Grands Capitaines ; *sçavoir*.

La Table de l'Histoire generale & speciale.

Le Monde pour l'Ancienne Histoire.

L'Assyrie & la Syrie, tirées de Ptolomée, &c.

La Guerre de Troye, tirée de Dictis de Crete, & de Dares de Phrigie.

La Navigation d'Vlisse.

Le Voyage d'Enée, selon Virgile.

La Navigation d'Enée, dressée sur le premier Livre de Denis d'Halicarnasse.

L'Empire du Grand Cirus premier Roi de Perse.

L'Empire des Perses divisé en vingt Satrapies par Darius Fils d'Hystaspes.

La Lybie,

L'Egipte, &

La Grece, avecque le Roiaume de Crœſus, *ſelon Herodote.*

Les Expeditions militaires d'Ageſilaus, Roi de Sparte, &
La Retraite des dix mille Grecs, *ſelon Xenophon.*

Les Conqueſtes, & la Route d'Alexandre le Grand.
Les Conqueſtes du Roi Demetrius, Préneur de Villes,
Les Conqueſtes de Pirrhus, Roy des Epirotes,
Les Expeditions Militaires d'Annibal General des Carthaginois, *ſelon Plutarque.*

La Carte pour l'Hiſtoire de Juſtin.

L'Enfance,
L'Adoleſcence, &
La Jeuneſſe de l'Empire Romain, *ſelon Florus.*

La Pharſale de Lucain.

La Gaule pour la Guerre des Gaules,

L'Estat de Rome, pour la Guerre Civile,

L'Afrique & l'Egypte, pour les Guerres d'Afrique & d'Alexandre,

La Bætique pour la Guerre d'Espagne, *selon les Commentaires de Cesar.*

Les Voyages de S. Paul.

La Carte pour l'Histoire Ecclesiastique d'Eusebe Pamphile, &c.

Les Lettres des Nombres chez les Romains.

Les Noms chez les Anciens Romains.

LE PARALLELE DE L'ANCIENNE ET DE LA NOUVELLE GEOGRAPHIE, où sont mentionnez les Lieux les plus celebres en l'Histoire, & principalement ceux qui ont changé de nom, avecque leurs Noms Anciens, & les Noms qu'ils ont aujourd'hui.

18. TABLES POUR LA CHRONOLOGIE, contenant le commencement & la fin des Estats; avecque les choses les plus remarquables arrivées depuis la Creation du Monde, jusques aujourd'hui. Les 6 premieres Tables y sont distribuées par Siecles. La 7. & les suivantes le sont par Annales, où il est fait mention des évenemens considerables, comme Batailles, Combats, sieges & prises de Villes, Traitez, Naissance & Mort des Rois, & autres Particularitez arrivées depuis l'an 1630. jusqu'à maintenant, en France, en Espagne, aux Païs-Bas, en Italie, en Alemagne, en Danemarq, en Suede, en Pologne, en Turquie, en Angleterre, & dans les autres Regions de l'Europe, de l'Amerique, de l'Afrique, de l'Asie.

Les Noms des Princes Souverains de nostre Siecle, en Europe, se voyent en deux Tables particulieres.

26. CARTES POUR LES ITINERAIRES ET VOYAGES MODERNES qui ont esté faits tant par Mer que par Terre dans toutes les Parties du Monde, & particulierement dans le Levant.

L'Empire des Sarrazins ou des Caliphes, sous Ulit, qui regnoit environ l'an 700. tiré d'Abulfeda, de Nassir-Eddin, d'Vlug-Bei, & d'autres Autheurs Arabes.

Le Mauvaralnahr, selon Abulfeda, Prince d'Haman.

Le Voyage d'Amasie de Monsieur Busbequius, Ambassadeur de l'Empereur Ferdinand I. vers le Grand Seigneur.

Ls France Ant-artique, autrement le Rio-Janeiro, tirée des Voyages que Villegagnon & Jean de Leri ont faits au Bresil, les années 1557 & 1558.

La Floride Françoise, dressée sur la Relation des Voyages que Ribaud, Laudonnier & de Gourgues y ont faits en 1562, 1564, & 1567.

Chemin de Moſcovie au Cathai, dreſſé ſur les Relations des Tartares de Boghar, & ſur les Obſervations qu'en ont faites Antoine Jenkinſon & Richard Iohnſon Anglois, en leur Voyage de l'an 1598.

Carte du Voyage de Pirard aux Indes Orientales, les années 1601, & les ſuivantes.

Quatre Cartes pour les Voyages de Levant de Pietro della-Vallé.

Deux Cartes pour l'Itineraire de Perſe par Herbert.

Deux Cartes pour l'Itinenaire de Paris à Conſtantinople, tirées des Voyages de Monſieur des Hayes.

Deux Cartes pour les Voyages de Moſcovie, de Perſe & du Dageſthan, les années 1636, 1637, & 1638, ſelon les Relations d'Olearius.

Route ou Itineraire, de Goa à Viſapour, & de Viſapour à Dabul, tirée de la Relation du Voyage de Mandeſlo, fait en l'année 1638.

Itineraire du Caire à la Mecque, ſelon la Relation de Dom Philippo de Tunis, qui en a fait le Voyage l'an 1657, avecque le chemin du Caire à Gaza.

Carte du Voyage des Ambassadeurs de la Compagnie Orientale des Provinces-Unies, vers le Tartare Empereur de la Chine, les années 1655, 1656, & 1657, tirée de celle de Jean Nieuhoff.

Itineraire de Raguse à Bosna-Serai, & de Bosna-Serai à Belgrade, fait par le Sieur Quiclet, les années 1657, & 1658.

Carte du Voyage de Monsieur l'Evesque de Beryte, Vicaire Apostolique au Royaume de la Cochin-chine, &c. les années 1660, 1661, & 1662, &c.

Route de Surate à Mazulpatan, par Orengabat & Golconde, tenuë par Monsieur l'Evesque d'Heliolis, l'an 1663.

Carte d'un Voyage fait en Galilée l'an 1667

Itineraire de France, pour la Route de Paris à Lion, & de Lion à Marseille, & à Niçe.

Itineraire d'Italie, où sont les Routes de Niçe à Rome, par Genes, Lucques & Florence; & de Rome à Venise, par Lorete; avec celle de Rome à Naples.

*Cette marque * designe ce qui n'est pas mis au jour avant l'année 1682.*

A PARIS,
En l'Isle du Palais, sur le Quay de l'Orloge, au Grand Loüis.
1682.

www.ingramcontent.com/pod-product-compliance
Ingram Content Group UK Ltd.
Pitfield, Milton Keynes, MK11 3LW, UK
UKHW021033220726
13924UKWH00001B/280

9 782019 909345